1 Hefeteig –
50 Rezepte

AUTORIN: CHRISTA SCHMEDES | FOTOS: JÖRN RYNIO

Praxistipps

Umschlagklappe hinten:

Extra

Umschlagklappe vorne:

Rezepte

Know-how für perfekten Hefeteig

Sie lieben lockere Buchteln, knusprige Pizza, blätterige Quarktaschen? Mit wenigen Tricks können Sie Ihr Lieblingsgebäck ganz leicht selber backen!

Wie Hefe funktioniert

Backhefe bringt nicht nur Kinder zum Staunen: Setzt man sie einem Teig aus Mehl und Wasser zu, verdoppelt sich sein Volumen in weniger als einer Stunde. Das Geheimnis: Hefe ist ein lebender Organismus. Sie besteht aus mikroskopisch kleinen Sprosspilzen, die sich durch Teilung vermehren. Und das rasend schnell, wenn die Voraussetzungen stimmen. Feuchtigkeit, Wärme und geeignete Nährstoffe wie Stärke und Zucker wirken sich günstig auf den Stoffwechsel der Hefepilze aus. Bei einer Temperatur von 32° können sie sich am schnellsten vermehren. Grundsätzlich »geht« der Hefeteig aber bei allen Temperaturen zwischen 5° und 39°. Darunter und darüber passiert nichts: Die Hefepilze stellen ihre Arbeit ein und der Teig misslingt.

Hefe wird in unterschiedlichen Formen zum Verkauf angeboten. Für viele Rezepte wird frische Hefe verwendet. Sie finden Sie in Würfeln von 42 g im Kühlregal jeden Supermarkts. Frische Hefe ist zehn bis zwölf Tage haltbar. Achten Sie beim Einkauf auf das Mindesthaltbarkeitsdatum und verwenden Sie nur Hefewürfel mit unbeschädigter Verpackung.

Trockenhefe gibt es in Päckchen mit 7 g Inhalt zu kaufen. Die Menge entspricht einem halben Würfel Frisch-Hefe. Trockenhefe ist länger haltbar und eignet sich daher gut für den Vorratsschrank. Die Verwendung von Trockenhefe ist sehr einfach, da in diesem Fall kein Vorteig zubereitet werden muss. Sie ist ideal für Kleingebäck und Blechkuchen.

So geht der Hefeteig schön auf

Keine Angst vor Hefeteig – er gelingt leicht, wenn man seine Besonderheiten kennt. Für ein gutes Backergebnis verwenden Sie am besten helles Weizenmehl der Type 405 oder 550. Ist im Rezept ein Vorteig vorgesehen, ist es besser, Salz und Fett nicht direkt in Kontakt mit der Hefe zu bringen: Beide Stoffe beeinträchtigen das Aufgehen. Zucker dagegen fördert den Stoffwechsel der Hefepilze und verbessert die Triebkraft. Eine Prise davon gehört daher in jeden Hefeteig.

Damit der Teig schön locker wird, muss er kräftig geknetet werden. Je länger desto besser. Als Faustregel gilt: 1–2 Min. weiterkneten, sobald der Teig sich glatt und glänzend von Schüsselboden oder Arbeitsfläche löst. Dann braucht der Teig nur noch aufzugehen. Das geschieht bei »warmer Führung« bei einer Temperatur zwischen 20° und 32°. Stellen Sie den Teig dazu für 30–45 Min. an einen warmen Ort, z. B. in den auf 40° vorgewärmten und abgeschalteten Backofen.

Brauchen Sie den Teig erst am nächsten Tag, ist die »kalte Führung« besser geeignet. Dabei wird die Hefe mit kalter Milch verrührt und sofort mit der gesamten Mehlmenge kräftig verknetet. Zum Gehen stellen Sie den Teig mit einem sauberen Tuch abgedeckt in den Kühlschrank.

Vor dem Weiterverarbeiten wird der gegangene Hefeteig noch einmal kräftig durchgeknetet.

Hefe-Blätterteig   Hefe-Quarkteig   Hefe-Kartoffelteig

Grundteige von Plunderteig bis Hefe-Kartoffelteig

Hefe-Blätterteig (Plunderteig) wird je nach Rezept aus einem mittelfesten Hefeteig und eiskalter Butter zubereitet. Die Butter wird dazu in feine Späne geschnitten oder mit 1–2 EL Mehl verknetet und zu einer flachen Platte geformt. Bei dieser Vorgehensweise muss die Butter ebenso wie der Teig vor der Weiterverarbeitung noch einmal 30–45 Min. gekühlt werden. Dann rollen Sie ihn zu einem etwa 1 cm dicken Rechteck aus und bestäuben ihn mit Mehl. Nun eine Hälfte des Rechteckes mit eiskalten, dünnen Butterscheiben oder der Butterplatte belegen und die andere Teighälfte darüber klappen. Jetzt bekommt der Teig mehrere Touren wie es in der Fachsprache heißt. Dafür wird der Teig immer wieder bis zur doppelten Größe ausgerollt und eingeschlagen. Zwischen jeder Tour muss der Teig 20–30 Min. im Kühlschrank ruhen. Je mehr Touren der Teig bekommt, desto blättriger wird er beim Backen.

Gerührter Hefeteig hat eine feine Porung bzw. Krume und ist für zarte Hefekuchen wie Gugelhupf und Savarins ideal. Den Teig können Sie schon am Vortag zubereiten und über Nacht im Kühlschrank ruhen lassen. Die Zutaten wie Butter, Zucker und Eier werden mit den Quirlen des Handrührgeräts cremig gerührt und erst dann zusammen mit Mehl, Milch und Hefevorteig zu einem glatten, geschmeidigen Teig verknetet.

Hefe-Mürbeteig ist eine tolle Grundlage für Zwetschgendatschi oder Apfelkuchen. Die Hefe wird dafür in 3–4 EL Milch aufgelöst und mit den im Rezept angegebenen Zutaten ohne Vorteig zu einem Mürbeteig verknetet.

Hefe-Quarkteig eignet sich gut für Christstollen. Wer Stollen liebt, muss dieses Grundrezept unbedingt kennen! Dazu die Hälfte oder ein Drittel des Mehles durch festen oder leicht ausgepressten Magerquark ersetzen. Das macht den Stollen leichter und saftiger. Quarkstollen müssen im Gegensatz zu Hefestollen nur 1–2 Tage ruhen.

Hefe-Kartoffelteig eignet sich vor allem für fettarmes Gebäck. Ersetzen Sie ein Drittel des Mehls durch mehligkochende Kartoffeln. Die Kartoffeln kochen, schälen, durch die Presse drücken. Hefe-Kartoffelteig nach dem Rezept zubereiten.

Grundrezepte

Hefeteig lässt sich auf viele verschiedene Arten zubereiten. Wichtig ist nur: Er muss schön aufgehen. Mit unseren Grundrezepten klappt das garantiert.

1

2

3

Hefeteig mit Vorteig
500 g Mehl (Type 405)
1 Würfel Hefe (42 g)
60 g Zucker
225 ml Milch
60 g Butter | 1 Prise Salz
2 Eier (Größe M)

1 Für den Teig das Mehl in eine Schüssel geben und in die Mitte eine Mulde drücken. Die Hefe in einer Schüssel zerbröckeln, 1 Prise Zucker darüber streuen. Die Milch lauwarm erwärmen. Die Hefe mit 3–4 EL Milch unter Rühren auflösen (Bild 1), in die Mulde gießen und leicht mit Mehl bestäuben (Bild 2). Zugedeckt an einem warmen Ort 15 Min. ruhen lassen, bis der Vorteig aufgegangen ist und die Oberfläche leichte Risse zeigt.

2 Die Butter zerlassen. Übrige lauwarme Milch, Zucker, Salz, Eier und Butter zum Vorteig geben.

Alles mit den Händen oder den Knethaken des Handrührgeräts zu einem glatten, geschmeidigen Teig verkneten (Bild 3). Den Teig so lange kneten, bis er glänzt und sich vom Schüsselboden löst. Das dauert etwa 4–5 Min. Den Teig an einem warmen Ort 30–45 Min. gehen lassen, bis er etwa sein doppeltes Volumen erreicht hat.

3 Den Hefeteig auf bemehlter Arbeitsfläche nochmals kräftig durchkneten und je nach Rezept weiterverarbeiten.

GUT ZU WISSEN
Die Mengen von Milch, Zucker, Ei und Butter sind bei Hefeteigen variabel. Die Vorgehensweise bleibt jedoch dieselbe: Erst den Vorteig aus Hefe, Milch und 1 Prise Zucker anrühren und gehen lassen, dann Butter, restlichen Zucker, Salz und Eier zugeben und kräftig kneten. Fettreiche Teige brauchen länger zum Aufgehen als fettarme Teige.

Hefeteig ohne Vorteig

500 g Mehl (Type 405)
⅔ Würfel frische Hefe (ca. 30 g)
60 g Zucker
225 ml lauwarme Milch
1 Prise Salz
1 Ei (Größe M)
2 Eigelbe
60 g zerlassene Butter

1 Für den Teig das Mehl in eine Schüssel geben und in die Mitte eine Mulde drücken. Die frische Hefe in einer Schüssel oder Tasse zerbröckeln, 1 Prise Zucker darüber streuen und in der lauwarmen Milch auflösen. Die Hefemilch in die Mehlmulde gießen.

2 Zucker, Salz, Ei, Eigelbe und zerlassene Butter dazugeben und alles mit den Knethaken des Handrührgeräts oder mit den Händen zu einem glatten, geschmeidigen Teig verkneten und so lange weiterkneten, bis er glänzt und sich vom Schüsselboden löst. Zugedeckt an einem warmen Ort 30–45 Min. gehen lassen.

3 Den Teig auf bemehlter Arbeitsfläche nochmals durchkneten und je nach Rezept weiterverarbeiten.

GUT ZU WISSEN

Dieses Rezept kann ersatzweise auch mit Trockenhefe zubereitet werden. Gehen Sie dann wie rechts im Rezept Hefeteig mit Trockenhefe beschrieben vor.

Hefeteig mit Trockenhefe

350 g Mehl (Type 405)
1 Pck. Trockenhefe (7 g)
125 ml Milch
50 g Butter
30 g Zucker
¼ TL Salz
1 Ei (Größe M)

1 Das Mehl mit Trockenhefe in einer Schüssel mischen. Milch erwärmen, Butter zerlassen. Milch, Zucker, Salz, Ei und Butter zum Mehl geben und alles mit den Händen, einem gelochten Kochlöffel oder mit den Knethaken des Handrührgeräts zu einem glatten, geschmeidigen Teig verkneten. Den Teig zugedeckt 30 Min. gehen lassen. Auf der bemehlten Arbeitsfläche nochmals durchkneten und je nach Rezept weiterverarbeiten.

Grundrezept für salzigen Hefeteig

400 g Weizenmehl (Type 405)
½ Würfel Hefe (21 g)
225 ml lauwarmes Wasser
1 TL Salz
1 Prise Zucker

1 Das Mehl in eine Schüssel geben. Die Hefe zerbröckeln und in lauwarmem Wasser auflösen. Das Hefewasser mit Salz und Zucker zum Mehl geben und alles zu einem glatten, geschmeidigen Teig verarbeiten. Den Teig zugedeckt in 30–40 Min. zur doppelten Größe gehen lassen.

Gugelhupf & Co.

Freuen Sie sich auf köstliche Spezialitäten aus Hefeteig. Ob zarter Gugelhupf, süße Hefe-Zöpfe, Safranbrot, Stollen, Nusszopf oder Beugel: In diesem Kapitel werden Sie fündig. Der Hefe-Doppelzopf schmeckt pur oder mit Butter und Konfitüre ausgezeichnet.

Hefe-Doppelzopf

750 g Mehl (Type 405)
1 Würfel frische Hefe (42 g)
250 ml lauwarme Milch
75 g Zucker | 1 Pck. Vanillezucker
1 TL abgeriebene Schale von 1 Bio-Zitrone
1 kräftige Prise Salz
150 g zerlassenes Butterschmalz
2 Eigelbe
Zum Bestreichen:
1 Eigelb | 2 EL Milch
Hagelzucker zum Bestreuen

Für 18 Stück | ◉ 45 Min. Zubereitung
55 Min. Ruhen | 45 Min. Backen
Pro Stück ca. 255 kcal, 5 g EW, 10 g F, 35 g KH

1 Aus Mehl, Hefe, 100 ml Milch und 1 Prise Zucker
einen Vorteig zubereiten wie im Grundrezept (S. 6,
Step 1) beschrieben und 15 Min. gehen lassen.

2 Danach übrige Milch, Zucker, Vanillezucker,
abgeriebene Zitronenschale, Salz, Butterschmalz
und Eigelbe dazugeben und alles zu einem glatten,
geschmeidigen Teig verkneten. Den Teig zugedeckt
30 Min. gehen lassen.

3 Backblech mit Backpapier belegen. Teig nochmals durchkneten. 1 Drittel Teig beiseite legen.
Übrigen Teig in 3 gleich große Stücke teilen, diese
zu etwa 30 cm langen Strängen formen. Die Stränge
nebeneinander platzieren und zu einem Zopf flechten. Den fertigen Zopf aufs Blech legen. Übrigen Teig
dritteln und zu 3 dünneren, 30 cm langen Strängen
formen, zu einem dünnen Zopf flechten, auf den
großen Zopf legen und leicht andrücken. Zugedeckt
10 Min. ruhen lassen. Ofen auf 200° vorheizen.

4 Eigelb mit Milch verrühren, den Zopf damit
bestreichen und mit Hagelzucker bestreuen. Im
Ofen (Mitte, Umluft 180°) 40–45 Min. backen.

ganz klassisch

Gugelhupf

Seit Großmutters Zeiten darf er auf keinem Kuchenbüfett fehlen: Gugelhupf
schmeckt zu jeder Jahreszeit und wird von allen geliebt.

500 g Mehl (Type 405)
¾ Würfel frische Hefe (ca. 30 g)
125 ml lauwarme Milch
175 g Zucker | 200 g weiche Butter
1 TL abgeriebene Schale von 1 Bio-Zitrone
3 Eier (Größe M)
1 kräftige Prise Salz
Butter für die Form
Mehl zum Arbeiten
Puderzucker zum Bestäuben

Für 1 Gugelhupfform von 2 l Inhalt (16 Stück)
🕐 30 Min. Zubereitung
12 Std. 30 Min. Ruhen | 50 Min. Backen
Pro Stück ca. 275 kcal, 5 g EW, 13 g F, 35 g KH

1 Das Mehl in eine Schüssel geben, in die Mitte
eine Mulde drücken. Die Hefe zerbröckeln, in der
Milch auflösen und in die Mulde gießen, 1 Prise
Zucker und etwas Mehl vom Rand darüber streuen.
Den Vorteig zugedeckt 15 Min. gehen lassen.

2 Inzwischen die Butter zerkleinern und mit
Zucker, Zitronenschale, Eiern und Salz schaumig
aufschlagen. Die Masse zum Mehl geben und erst
mit den Knethaken des Handrührgeräts, dann
mit den Händen so lange kneten, bis ein weicher,
glatter Teig entsteht. Den Hefeteig zugedeckt über
Nacht in den Kühlschrank stellen.

3 Den Backofen auf 180° vorheizen. Die Form einfetten. Den Hefeteig durchkneten und in die Form
füllen. Zugedeckt 15 Min. gehen lassen.

4 Den Gugelhupf im Ofen (unten, Umluft 160°)
50–60 Min. backen. Nach 10 Min. Abkühlen auf
ein Kuchengitter stürzen und mit Puderzucker
bestäuben.

AUSTAUSCH-TIPP
Den Hefeteig für den Gugelhupf können Sie auch – wie
in Frankreich üblich – je zur Hälfte mit Süßrahm- und
mit gesalzener Butter zubereiten.

GUT ZU WISSEN
Gugelhupf wird häufig mit Sirup getränkt. Dadurch
bleibt er schön saftig. Für den Sirup 4 EL Wasser mit
2 EL Zucker und 2 EL Rum oder Orangensaft in einen Topf
geben, unter Rühren 1 Min. aufkochen und dann abkühlen lassen. Den Gugelhupf nach dem Backen mit dem
Sirup bestreichen und mit Puderzucker bestäuben.

VARIANTE – ELSÄSSER GUGELHUPF
Den Hefeteig wie im Rezept links beschrieben zubereiten und zugedeckt 1 Std. gehen lassen. 100 g Rosinen
und 100 g gehackte Mandeln in 2 EL Rum oder Orangensaft einweichen und mit 1 Prise Muskatnuss unter den
Hefeteig kneten. Gugelhupfform mit Butter einfetten, in
jede Rille eine abgezogene, halbierte Mandel legen. Den
Teig einfüllen, mit einem Tuch bedecken und nochmals
2 Std. gehen lassen. Den Gugelhupf im vorgeheizten
Ofen (unten) bei 180° (Umluft 160°) 40–50 Min. goldbraun backen.

frisch am besten

Feiner Nusszopf

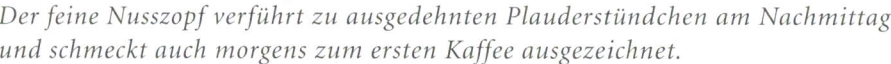

Der feine Nusszopf verführt zu ausgedehnten Plauderstündchen am Nachmittag und schmeckt auch morgens zum ersten Kaffee ausgezeichnet.

Für den Hefeteig:
500 g Mehl (Type 405)
¾ Würfel frische Hefe (ca. 30 g)
60 g Zucker
225 ml Milch | 75 g Butter
Salz | 2 Eigelb

Für die Nussfüllung:
200 g gemahlene Haselnüsse
50 g Semmelbrösel | 75 g Puderzucker
¼ TL Zimtpulver
2 Eiweiß | 100 g Sahne
2 EL Zucker
1 EL Kirschwasser (nach Belieben)
2 EL zerlassene Butter

Für die Glasur:
150 g Puderzucker
1 EL Kirschwasser oder Zitronensaft

Für 16 Stück | ⊕ 50 Min. Zubereitung
1 Std. Ruhen | 35 Min. Backen
Pro Stück ca. 360 kcal, 7 g EW, 16 g F, 44 g KH

1 Aus den Teigzutaten nach dem Grundrezept (S. 6) einen Hefeteig mit Vorteig zubereiten und 45 Min. gehen lassen.

2 Für die Füllung gemahlene Haselnüsse mit Semmelbröseln, Puderzucker und Zimt mischen. In einer Pfanne ohne Fett anrösten und abkühlen lassen. Eiweiße zusammen mit Sahne cremig aufschlagen, Zucker unterrühren. Mit der gerösteten Nussmasse und Kirschwasser verrühren.

3 Den Hefeteig auf der bemehlten Arbeitsfläche durchkneten, zu einem Rechteck von etwa 30 x 40 cm ausrollen und mit der zerlassenen Butter bestreichen. Die Nussmasse nicht ganz bis zum Rand aufstreichen und von der Längsseite her aufrollen. Die Nussrolle längs nicht ganz bis zum Ende aufschneiden. Die Hälften mit der Schnittfläche nach oben ineinander verschlingen. Das Backblech mit Backpapier belegen, den Zopf auf das Blech legen und zugedeckt 15 Min. ruhen lassen.

4 Den Backofen auf 180° vorheizen. Den Nusszopf im Ofen (Mitte, Umluft 160°) 30–35 Min. backen. Puderzucker mit Kirschwasser oder Zitronensaft und 1–2 EL Wasser zur einer dünnflüssigen Glasur verrühren. Den Nusszopf etwas abkühlen lassen und mit Puderzuckerglasur bestreichen.

VARIANTE – MOHNSTRIEZEL

Sie können den Zopf auch mit Mohn füllen. Dazu 200 ml Milch mit 100 g Sahne, 1 EL Honig, 75 g Zucker und 30 g Butter in einen Topf geben und einmal aufkochen lassen. 250 g gemahlenen Mohn dazugeben und unter Rühren in etwa 8–10 Min. dicklich einkochen lassen. 100 g gemahlene Mandeln und 50 g Rosinen unterrühren. Unter die abgekühlte Füllung 1 Ei und nach Belieben 1 EL Rum mischen. Die Füllung auf dem ausgerollten Hefeteig verteilen, den Teig längs aufrollen und mit der Nahtseite nach unten aufs Blech setzen. Den Mohnstriezel im vorgeheizten Backofen bei 180° (Mitte, Umluft 160°) 40–45 Min. backen. Abkühlen lassen und mit Zitronenglasur bestreichen.

fein | aromatisch

Süßes Safranbrot

500 g Dinkelmehl (Type 630)
½ Würfel frische Hefe (21 g)
100 ml lauwarme Milch | 50 g Zucker
100 g Sahne | 1 Döschen Safran (0,1 g)
50 g Butter | ¼ TL Salz
1 Ei (Größe M)

Zum Bestreichen:

1 Eigelb | 2 EL Milch
Fett für die Form | Mehl zum Arbeiten

Für 1 Kastenform von 30 cm Länge (14 Scheiben)
◎ 30 Min. Zubereitung
1 Std. 10 Min. Ruhen | 40 Min. Backen
Pro Stück ca. 200 kcal, 6 g EW, 7 g F, 27 g KH

1 Das Mehl in eine Schüssel geben, in die Mitte eine Mulde drücken. Hefe zerbröckeln, unter Rühren in der Milch auflösen und in die Mulde gießen. Mit 1 Prise Zucker und etwas Mehl vom Rand bestäuben. Zugedeckt 15 Min. gehen lassen.

2 Sahne mit Safran und Butter bei geringer Hitze erwärmen und leicht abgekühlt mit dem restlichen Zucker, Salz und Ei zum Mehl geben. Alles zu einem glatten, geschmeidigen Teig verkneten und zugedeckt 30 Min. gehen lassen.

3 Den Backofen auf 180° vorheizen. Die Form fetten. Den Teig auf der bemehlten Arbeitsfläche nochmals durchkneten und in die Form geben. Die Oberfläche mit einem Messer gitterartig leicht einritzen. Zugedeckt 10 Min. stehen lassen.

4 Das Eigelb mit der Milch verrühren. Das Safranbrot mit dem Eigelb bestreichen und im Ofen (Mitte, Umluft 160°) ca. 40 Min. backen.

für Sonntage

Dattel-Feigen-Kranz

Für den Hefeteig:

500 g Mehl | ½ Würfel Hefe (21 g)
50 g Zucker | 225 ml Milch
75 g Butter
1 Prise Salz | 2 Eigelb

Für die Füllung:

je 100 g getrocknete Datteln und Feigen
1 EL Honig
¼ TL Zimtpulver
100 gemahlene Haselnüsse
2 Eiweiß | 50 g Zucker
2 EL Sahne | Fett für die Form
Mehl zum Arbeiten

Zutaten für 1 Kranzform von 26 cm Ø (12 Stück)
◎ 30 Min. Zubereitung
40 Min. Ruhen | 40 Min. Backen
Pro Stück ca. 335 kcal, 7 g EW, 13 g F, 47 g KH

1 Aus den Teigzutaten nach dem Grundrezept (S. 6) einen Hefeteig mit Vorteig zubereiten und 45 Min. gehen lassen.

2 Datteln und Feigen in kleine Würfel schneiden, mit Honig, Zimt und Haselnüssen vermischen. Eiweiße mit Zucker nicht zu steif schlagen. Dattel-Feigenmasse unterheben.

3 Den Backofen auf 180° vorheizen. Die Form fetten. Den Teig auf der bemehlten Arbeitsfläche durchkneten, zu einem Rechteck von 30 x 40 cm ausrollen und mit Sahne bestreichen. Die Füllung darauf verteilen und den Teig längs aufrollen. Die Rolle in die Form legen. Zugedeckt 10 Min. ruhen lassen. Danach im Ofen (Mitte, Umluft 160°) ca. 40 Min. goldbraun backen.

für Gäste | raffiniert

Rosenkuchen

Die kleinen Hefeschnecken sitzen dicht an dicht in der Form und erinnern an aufgeblühte Rosen: ein echter Hingucker für festliche Gelegenheiten!

Für den Hefeteig:
500 g Mehl (Type 405)
¾ Würfel frische Hefe (ca. 30 g)
60 g Zucker | 225 ml Milch
1 Prise Salz | 1 Ei (Größe M)
2 Eigelb | 60 g zerlassene Butter
Für die Füllung:
1 Pck. backfeste Puddingcreme (Backregal)
250 ml Milch | 150 g Rosinen
1 Orange | 50 g Zucker
2 Tropfen Bittermandelöl
1 EL Orangenlikör (nach Belieben)
1 Eigelb | 2 EL Milch
Fett für die Form

Für 1 Springform von 26 cm (9 Stück)
🕐 45 Min. Zubereitung
55 Min. Ruhen | 30 Min. Backen
Pro Stück ca. 430 kcal, 10 g EW, 11 g F, 72 g KH

1 Aus den Teigzutaten nach dem Grundrezept (S. 7) einen Hefeteig ohne Vorteig zubereiten und zugedeckt 30 Min. gehen lassen.

2 Für die Füllung die Puddingcreme nach Packungsangabe mit Milch zubereiten. Rosinen waschen und auf einem Sieb abtropfen lassen. Orange auspressen.

3 Orangensaft mit 50 ml Wasser und Zucker in einen Topf geben, aufkochen lassen und unter Rühren 1 Min. köcheln lassen. Bittermandelöl und nach

Belieben Orangenlikör unterrühren. Rosinen untermischen und bei abgeschalteter Herdplatte bis zum Gebrauch durchziehen lassen.

4 Die Form fetten. Den Teig kräftig durchkneten und zu einem Rechteck von 45 x 30 cm ausrollen. Die Rosinen unter die Puddingcreme mischen und auf den Teig streichen. Teig von der Längsseite her aufrollen, in 10 gleich große Stücke schneiden und mit der Schnittseite nach oben in die Form setzen. Zugedeckt 10 Min. ruhen lassen.

5 Den Backofen auf 180° (Umluft 160°) vorheizen. Eigelb mit Milch verrühren. Den Rosenkuchen damit bestreichen. Kuchen im Ofen (Mitte) 25–30 Min. goldbraun backen.

VARIANTE – ROSENKUCHEN MIT APFELFÜLLUNG
Für eine saftige Apfelfüllung einen Hefeteig ohne Vorteig wie im Rezept Rosenkuchen beschrieben zubereiten. Den gegangenen Teig zu einem Rechteck von 45 x 30 cm ausrollen und mit 50 g zerlassener Butter bestreichen. Für die Füllung Saft und abgeriebene Schale von 1 Bio-Zitrone mit 50 g Sahne, 50 g Puderzucker und 1 Pck. Vanillezucker mischen. Dann 500 g säuerliche Äpfel (z. B. Boskop) in kleine, dünne Scheiben schneiden und unter die Zitronensahne rühren. Die Füllung auf dem ausgerollten Teig verteilen und 30 g Pinienkerne darüber streuen. Danach geht es weiter wie im Rezept Rosenkuchen beschrieben.

Mini-Panettone

Für den Hefeteig: 500 g Mehl (Type 550) |
1 Würfel frische Hefe (42 g) | 200 ml lauwarme
Milch | 100 g Zucker | 200 g weiche Butter |
¼ TL Salz | ¼ TL Anispulver | 1 Ei (Größe M) |
3 Eigelb | 50 g Pinienkerne
Für die Fruchtmischung: 50 g Orangeat |
50 g getrocknete Aprikosen | 100 g Rosinen |
2 EL Rum oder Orangensaft
Zum Bestreichen: 1 Eigelb | 3 EL Milch | Fett für
die Förmchen | Backpapier | Mehl zum Arbeiten

Für 12 Stück | 🔘 1 Std. Zubereitung
1 Std. 5 Min. Ruhen | 30 Min. Backen
Pro Stück ca. 415 kcal, 8 g EW, 20 g F, 48 g KH

1 Das Mehl in eine Schüssel geben, in die Mitte
eine Mulde drücken. Hefe zerbröckeln, in der lauwarmen Milch auflösen und in die Mulde gießen.
1 Prise Zucker und Mehl vom Rand darüber streuen.
Vorteig zugedeckt 15 Min. gehen lassen.

2 Die Butter mit übrigem Zucker, Salz, Anispulver,
Ei, Eigelben und Pinienkernen zu einer glatten
Masse rühren und zum Vorteig geben. Alles zu
einem glatten Teig verkneten und zugedeckt
30 Min. gehen lassen.

3 Ein Muffinblech fetten. Aus Backpapier 12 etwa
15 x 15 cm breite Quadrate ausschneiden, zu Rin-
gen zusammendrehen und in die Muffinmulden
stellen. Die Backpapierringe mit Büroklammern
feststecken, damit es besser hält.

4 Orangeat und Aprikosen klein würfeln. Mit Rosinen und Rum oder Orangensaft vermischen und
unter den Teig kneten. Teig in die vorbereiteten
Förmchen füllen und noch 20 Min. ruhen lassen.

5 Backofen auf 180° vorheizen. Eigelb mit Milch
verrühren und die Mini-Panettone damit bestreichen. Im Ofen (Mitte, Umluft 160°) 25–30 Min.
backen.

Brioche

500 g Mehl (Type 405) | ½ Würfel frische Hefe
(20 g) | 50 ml lauwarme Milch | 1 TL Zucker |
¼ TL Salz | 4 Eier (Größe M) | 300 g weiche
Butter | 1 Eigelb | 2 EL Milch

Für 12 Stück | 🕐 30 Min. Zubereitung
13 Std. Ruhen | 30 Min. Backen
Pro Stück ca. 370 kcal, 7 g EW, 24 g F, 31 g KH

1 Das Mehl in eine Schüssel geben, in die Mitte
eine Mulde drücken. Hefe zerbröckeln, in Milch
auflösen und in die Mulde gießen. Zucker, Salz und
Eier hinzufügen und alles locker vermischen. Butter
in kleinen Stücken dazugeben. Den Teig so lange
kneten, bis die Butter völlig eingearbeitet ist. Teig
zugedeckt über Nacht in den Kühlschrank stellen.

2 Den Teig durchkneten und in 12 Stücke teilen.
Daraus je eine größere und eine kleinere Kugel formen. Kugeln aufeinandersetzen, 1 Std. gehen lassen. Brioches mit Eigelb-Milch-Mix bestreichen und
bei 200° (Mitte, Umluft 180°) 20–25 Min. backen.

Quark-Rosinen-Brötchen

250 g Mehl (Type 405) + 1 EL Mehl | 1 Pck. Tro-
ckenhefe (7 g) | 125 g Magerquark | 1 Prise Salz |
2 EL Honig | 2 Eier (Größe M) | 75 g zerlassene
Butter | 100 g Rosinen | 1 Eigelb | 2 EL Milch

Für 12 Stück | 🕐 30 Min. Zubereitung
40 Min. Ruhen | 25 Min. Backen
Pro stück ca. 180 kcal, 5 g EW, 7 g F, 24 g KH

1 Das Mehl bis auf 1 EL mit der Trockenhefe
mischen. Quark, Salz, Honig, Eier und Butter verrühren, zum Mehl geben und alles zu einem glatten
Teig verkneten. Zugedeckt 30 Min. ruhen lassen.

2 Die Rosinen mit 1 EL Mehl mischen, zum Teig
geben und nochmals gründlich durchkneten. Den
Teig zur Rolle formen und in 12 Stücke schneiden.
Daraus Brötchen formen, auf ein Backblech legen
und kreuzweise einschneiden. Eigelb mit Milch
verrühren, die Rosinenbrötchen damit bestreichen
und im vorgeheizten Ofen (Mitte) bei 200° (Umluft
180°) 20–25 Min. backen.

Last-minute-Stollen

Quarkstollen

Ein Muss in der Adventszeit: Der zarte Stollen lässt sich prima vorbereiten und muss nur zwei Tage durchziehen, bevor er verspeist werden kann.

Für den Stollenteig:
500 g Mehl (Type 405)
1 Würfel frische Hefe (42 g)
100 ml lauwarme Milch
50 g Zitronat | 50 g Orangeat
1 Pck. Vanillezucker
250 g weiche Butter | 150 g Zucker
250 g Magerquark | 1 Prise Salz
¼ TL Anispulver
1 Msp. geriebene Muskatblüte

Zum Bestreichen:
50 g zerlassene Butter
100 g Puderzucker
Backpapier | Alufolie
Mehl zum Arbeiten

Für 20 Stück | ⊕ 45 Min. Zubereitung
55 Min. Ruhen | 1 Std. Backen
Pro Stück ca. 275 kcal, 5 g EW, 13 g F, 35 g KH

1 Das Mehl in eine Schüssel geben und in die Mitte eine Mulde drücken. Hefe zerbröckeln, in der Milch auflösen und in die Mulde gießen. Mit etwas Mehl bestäuben und zugedeckt 15 Min. gehen lassen.

2 Inzwischen Zitronat und Orangeat mit Vanillezucker mischen und im Blitzhacker fein hacken. Die Butter mit Zucker, Quark und Salz verrühren, Anis und Muskatblüte unterrühren. Die Mischung zum Mehl geben und alles mit den Händen oder Knethaken des Handrührgeräts zu einem glatten Teig verkneten und zugedeckt 30 Min. gehen lassen.

3 Den Stollenteig auf der bemehlten Arbeitsfläche zu einem Rechteck von ca. 18 x 20 cm ausrollen. Dabei von der Mitte aus arbeiten, sodass die Außenseiten etwas dicker bleiben. Für die typische Stollenform eine Längsseite zu zwei Dritteln einklappen und die Enden rund formen. Den Stollen auf ein mit Backpapier belegtes Blech legen und zugedeckt 10 Min. ruhen lassen.

4 Den Backofen auf 180° vorheizen. Stabile Alufolie in breite Streifen schneiden und um das Gebäck legen. Den Stollen im Ofen (Mitte, Umluft 160°) 50–60 Min. backen, herausnehmen, noch heiß mit Butter bestreichen und mit Puderzucker bestäuben.

VARIANTE – MANDEL-MARZIPAN-STOLLEN
Für einen saftig-süßen Marzipanstollen aus 400 g Mehl, 200 g gemahlenen Mandeln, einem Würfel frischer Hefe, 200 ml Milch, 200 g zerlassenem Butterschmalz, 1 Prise Salz, 100 g Zucker und 2 EL Mandellikör nach dem Grundrezept (S. 6) einen Hefeteig mit Vorteig zubereiten und zugedeckt 45 Min. gehen lassen. Inzwischen 200 g Marzipanrohmasse mit 1 TL abgeriebener Schale von 1 Bio-Orange und 2 Tropfen Bittermandelöl verkneten und zu einer Rolle formen. Den Stollenteig auf der bemehlten Arbeitsfläche durchkneten und zu einem Rechteck ausrollen. Die Marzipanrolle auf einer Längsseite platzieren. Hefeteig darüber schlagen und zum Stollen formen. Den Stollen auf ein mit Backpapier belegtes Blech legen, zugedeckt 10 Min. ruhen lassen und backen wie im Rezept Quarkstollen beschrieben.

Klassiker aus Österreich

Nussbeugel

Die österreichische Spezialität mit ungarischen Wurzeln schmeckt wunderbar zum nachmittäglichen Milchkaffee.

Für den Hefe-Butterteig:

500 g Mehl (Type 405)

½ Würfel frische Hefe (ca. 20 g)

100 ml lauwarme Milch

60 g Zucker | 1 Pck. Vanillezucker

1 TL abgeriebene Schale von 1 Bio-Zitrone

2 Eigelb | 175 g zerlassene Butter

Für die Füllung:

50 g Löffelbiskuits

250 g gemahlene Haselnüsse

100 g Sahne | 100 g Zucker

50 g Butter | 50 g Honig

½ TL Zimtpulver

1 EL Rum nach Belieben

Zum Bestreichen:

1 Eigelb | 2 EL Milch

Für 16 Stück | 🌀 45 Min. Zubereitung

30 Min. Ruhen | 25 Min. Backen

Pro Stück ca. 405 kcal, 7 g EW, 25 g F, 38 g KH

1 Das Mehl in eine Schüssel geben und in die Mitte eine Mulde drücken. Hefe zerbröckeln, unter Rühren in der Milch auflösen und in die Mulde gießen. Restliche Teigzutaten dazugeben und mit der zerlassenen Butter zu einem glatten, geschmeidigen Teig verkneten. Teig zugedeckt 30 Min. an einem kühlen Ort ruhen lassen.

2 Die Löffelbiskuits in einen Gefrierbeutel geben, Beutel verschließen und die Biskuits mit der Teigrolle fein zerbröseln. Brösel mit Nüssen in einer Pfanne ohne Fett anrösten. Sahne mit Zucker, Butter, Honig und Zimt in einen Topf geben und unter Rühren aufkochen lassen. Nussmischung und nach Belieben Rum dazugeben. Alles gut verrühren.

3 Den Teig auf bemehlter Arbeitsfläche nochmals durchkneten, halbieren und zu 2 gleich großen Rollen formen. Die Rollen jeweils in 8 Stücke schneiden und zu Kugeln drehen (Bild 1). Die Kugeln zu einem Oval ausrollen (Bild 2). Jeweils einen gehäuften Teelöffel Nussmasse darauf geben, einrollen und zu Beugel (Hörnchen, Bild 3) formen.

4 Die Beugel auf ein mit Backpapier belegtes Blech legen. Eigelb mit Milch verrühren. Die Beugel damit bestreichen (Bild 4). 5 Min. antrocknen lassen und nochmals mit Eigelb bestreichen. Im vorgeheizten Ofen bei 180° (Mitte, Umluft 160°) 25 Min. backen.

GUT ZU WISSEN

Der Hefe-Butterteig muss nicht aufgehen. Den Teig kann man auch vorbereiten und über Nacht zugedeckt in den Kühlschrank stellen.

VARIANTEN – MOHNBEUGEL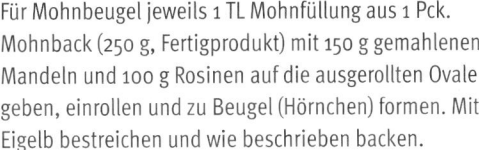

Für Mohnbeugel jeweils 1 TL Mohnfüllung aus 1 Pck. Mohnback (250 g, Fertigprodukt) mit 150 g gemahlenen Mandeln und 100 g Rosinen auf die ausgerollten Ovale geben, einrollen und zu Beugel (Hörnchen) formen. Mit Eigelb bestreichen und wie beschrieben backen.

braucht etwas Zeit

Blätterteig-Schnecken

Blätterteig wird um so besser, je öfter Sie ihn zusammenklappen und wieder ausrollen – je mehr Touren er bekommt, wie es in der Fachsprache heißt.

Für den Teig:
500 g Mehl (Type 405)
1 Pck. Trockenhefe (7 g)
225 ml lauwarme Milch
125 g Zucker | 1 Prise Salz
1 Ei (Größe M)
200 g eiskalte Butter

Für die Füllung:
1 Pck. Vanillepuddingpulver (zum Kochen)
450 ml Milch | 50 g Zucker
100 g Sahne | 50 g Rosinen
2 EL Aprikosenkonfitüre
2 EL lauwarme Milch | 75 g Puderzucker
Backpapier | Mehl zum Arbeiten

Für 16 Stück | 🕐 45 Min. Zubereitung
12 Std. 45 Min. Ruhen | 25 Min. Backen
Pro Stück ca. 340 kcal, 6 g EW, 15 g F, 46 g KH

1 Das Mehl mit der Hefe in einer Schüssel mischen. Milch, Zucker, Salz und Ei dazugeben. Alles zu einem glatten, mittelfesten Teig verkneten. Teig zugedeckt 45 Min. im Kühlschrank ruhen lassen.

2 Die eiskalte Butter in feine Scheiben schneiden. Hefeteig zu einem Rechteck ausrollen und mit Mehl bestäuben. Auf die eine Hälfte des Teiges die Butter verteilen, die andere Hälfte darüber klappen, leicht ausrollen, zu einem Viereck einschlagen und weiter zubereiten wie im Grundrezept (S. 5) beschrieben. Den Teig über Nacht kühl stellen.

3 Den Pudding nach Packungsangabe aus Puddingpulver, Milch und Zucker zubereiten. Abkühlen lassen, immer wieder umrühren. Sahne steif schlagen und mit den Rosinen unter den Pudding rühren.

4 Die Aprikosenkonfitüre glatt rühren. Teig auf der bemehlten Arbeitsfläche zu einem Rechteck von 50 x 70 cm ausrollen. Den Teig erst mit Konfitüre, dann mit Pudding bestreichen und von der Breitseite her aufrollen. Die Rolle halbieren und 10 Min. kühl stellen.

5 Jede Rolle in 8 Stücke schneiden und mit der Schnittseite nach oben auf ein mit Backpapier belegtes Blech legen. Im vorgeheizten Ofen bei 200° (Mitte, Umluft 160°) 15–20 Min. backen. Die Milch mit Puderzucker zu einer dickflüssigen Glasur rühren und in einen Gefrierbeutel geben, ein winziges Loch einstechen, die Glasur in feinen Streifen über die Schnecken spritzen.

VARIANTE – QUARKTASCHEN
Den Blätterteig wie beschrieben zubereiten. Für die Füllung 50 g weiche Butter mit 75 g Puderzucker, 1 TL abgeriebener Bio-Orangenschale und 1 Pck. Vanillezucker glatt rühren. 1 Ei, 2 Eigelbe und 500 g ausgepressten Magerquark unterrühren. Den Teig ausrollen und in 20 10 x 10 cm große Quadrate schneiden. Auf jedes Quadrat 2 TL Quarkcreme geben, die Ecken zur Mitte klappen und festdrücken. Die Quarktaschen mit Eigelb bestreichen und im vorgeheizten Backofen bei 180° (Mitte, Umluft 160°) 20–25 Min. backen.

Blechkuchen

Der Apfelkuchen mit Hefe-Mürbeteig ist ein Rezept meiner Großmutter.
Bei meinen Besuchen kam immer die Frage: »Hast Du zwei Stunden
Zeit? Dann backe ich uns schnell einen Apfelkuchen zum Kaffee.« Äpfel
und Quittengelee hatte sie immer im Haus. Mit Schlagsahne obendrauf
einfach rundum gut!

Apfelkuchen

Für den Hefe-Mürbeteig:
¼ Würfel frische Hefe (ca. 10 g)
3 EL lauwarme Milch | 225 g Mehl (Type 405)
1 Ei (Größe M) | 50 g Zucker
1 Prise Salz | 75 g weiche Butter
Für den Belag:
2 EL frisch gepresster Zitronensaft
50 g Puderzucker
750 g mittelgroße Äpfel (z. B. Elstar)
3 EL Quittengelee | 30 g Butter
30 g Zucker | Fett für die Form

Für 1 Tarteform von 30 cm Ø (12 Stück)
🕙 25 Min. Zubereitung
30 Min. Ruhen | 25 Min. Backen
Pro Stück 210 kcal, 3 g EW, 8 g F, 32 g KH

1 Die Hefe zerbröckeln und unter Rühren in der Milch auflösen. Mehl auf die Arbeitsfläche geben, in die Mitte eine Mulde drücken. Hefemilch in die Mulde gießen, Ei, Zucker, Salz und Butter in Flöckchen dazugeben, alles mit den Händen zu einem glatten Teig kneten und 30 Min. kühl stellen.

2 Zitronensaft mit Puderzucker und 75 ml Wasser in einem Topf kurz aufkochen, 1 Min. köcheln und abkühlen lassen. Die Äpfel vierteln. Das Kerngehäuse herausschneiden. Die Viertel in schmale Spalten schneiden und mit dem Zitronensud vermischen.

3 Den Backofen auf 200° vorheizen. Die Form fetten. Den Hefe-Mürbeteig kurz durchkneten und direkt auf dem Blech ausrollen, mit 2 EL Quittengelee bestreichen. Die Apfelspalten dachziegelartig darauf legen. Butter in Flöckchen darauf verteilen, Zucker darüber streuen. Den Kuchen im Ofen (Mitte, Umluft 180°) 25 Min. goldbraun backen. Übriges Quittengelee erwärmen und den Kuchen 5 Min. vor Ende der Backzeit damit bestreichen.

einfach | preiswert

Butterkuchen

Für den Teig:
500 g Mehl (Type 405)
1 Würfel Hefe (42 g)
225 ml Milch
60 g Butter | 60 g Zucker
½ TL Salz | 2 Eigelb
Für den Belag:
150 g saure Sahne
100 kalte Butter | 50 g Zucker
1 Pck. Vanillezucker
¼ TL Zimtpulver
Mehl zum Arbeiten | Fett für das Blech

Für 1 Backblech (20 Stück)
⊚ 45 Min. Zubereitung
55 Min. Ruhen | 30 Min. Backen
Pro Stück 190 kcal, 4 g EW, 9 g F, 25 g KH

1 Aus den Teigzutaten nach dem Grundrezept (S. 6) einen Hefeteig mit Vorteig zubereiten und 45 Min. gehen lassen.

2 Das Blech fetten. Den Backofen auf 180° vorheizen. Den Hefeteig auf bemehlter Arbeitsfläche durchkneten und auf dem Blech ausrollen. Den Teig mit einem Tuch bedecken und 10 Min. gehen lassen. Die saure Sahne glatt rühren und auf den Hefeteig streichen.

3 Die Butter in kleine Würfel schneiden. Zucker mit Vanillezucker und Zimt mischen. Mit einem Teelöffel Mulden in den Teig drücken. Die Butterwürfelchen in die Mulden geben. Den Kuchen mit Zimtzucker bestreuen. Im Backofen (Mitte, Umluft 160°) 25–30 Min. goldbraun backen.

gelingt leicht

Streuselkuchen

Für den Teig:
350 g Mehl (Type 405)
½ Würfel frische Hefe (ca. 20 g)
150 ml Milch
50 g Butter
50 g Zucker | ¼ TL Salz
Für die Streusel:
250 g Mehl (Type 405) | 75 g Zucker
1 Pck. Vanillezucker
200 g zerlassene Butter
100 g Sahne
Mehl zum Arbeiten
Fett für das Blech

Für 1 Backblech (20 Stück)
⊚ 45 Min. Zubereitung
45 Min. Ruhen | 35 Min. Backen
Pro Stück ca. 240 kcal, 4 g EW, 13 g F, 29 g KH

1 Aus den Teigzutaten nach dem Grundrezept (S. 6) jedoch ohne Ei einen Hefeteig mit Vorteig zubereiten und 45 Min. gehen lassen.

2 Für die Streusel das Mehl mit Zucker und Vanillezucker mischen. Zerlassene Butter dazugeben und alles rasch mit den Händen oder den Knethaken des Handrührgeräts zu Streuseln verarbeiten.

3 Den Backofen auf 180° vorheizen. Das Blech fetten. Den Hefeteig auf einer bemehlten Arbeitsfläche nochmals durchkneten, auf der Arbeitsfläche oder auf dem Backblech gleichmäßig ausrollen. Den Teig mit Sahne bestreichen und die Streusel darauf verteilen. Den Streuselkuchen im Backofen (Mitte, Umluft 160°) in 30–35 Min. goldbraun backen.

oben: Butterkuchen | unten: Streuselkuchen

saftig | mit Nuss

Aprikosen-Quarkkuchen mit Nuss-Streuseln

Hefeteig mit Trockenhefe: 350 g Mehl (Type 405) | 1 Pck. Trockenhefe (7 g) | 125 ml lauwarme Milch | 50 g Butter | 30 g Zucker | ¼ TL Salz | 1 Ei (Größe M)
Für den Belag: 2 Dosen Aprikosenhälften (je 820 ml Inhalt) | 1 Bio-Zitrone | 750 g Magerquark | 100 g Zucker | 1 Pck. Vanillepuddingpulver (zum Kochen) | 2 Eier (Größe M) | 100 g Mehl (Type 405) | 50 g gehackte Haselnüsse | 75 g Zucker | 1 Pck. Vanillezucker | 100 g Butter

Für 1 Backblech (16 Stück)
⏱ 45 Min. Zubereitung
30 Min. Ruhen | 35 Min. Backen
Pro Stück ca. 390 kcal, 12 g EW, 12 g F, 60 g KH

1 Aus den Teigzutaten nach dem Grundrezept (S. 7) einen Hefeteig mit Trockenhefe zubereiten und 30 Min. gehen lassen.

2 Die Aprikosen in einem Sieb abtropfen lassen. Aprikosen einschneiden, jedoch nicht durchschnei-

den. Von der Zitrone 1 TL Schale abreiben, den Saft auspressen. Magerquark mit Zitronensaft und -schale, Zucker, Vanillepuddingpulver und den Eiern glatt rühren.

3 Für die Streusel Mehl, Haselnüsse, Zucker und Vanillezucker in eine Schüssel geben, Butter in Flöckchen dazugeben. Alles rasch mit den Händen zu Streuseln verarbeiten. Streusel kühl stellen.

4 Den Hefeteig auf der bemehlten Arbeitsfläche durchkneten, ausrollen und auf ein mit Backpapier belegtes Blech legen, dabei einen Rand formen. Die Quarkmasse darauf verstreichen und mit den Aprikosenhälften belegen. Die Streusel darüber streuen. Den Kuchen im vorgeheizten Ofen bei 180° (Mitte, Umluft 160°) 30–35 Min. backen.

AUSTAUSCH-TIPP
Statt mit gehackten Haselnüssen können Sie die Streusel mit geschälten, gemahlenen Mandeln oder 100 g Krokant (Fertigprodukt) zubereiten.

Apfel-Cranberry-Kuchen

1 Rezept Hefeteig (S. 30); **Belag:** 400 g Schmant | 100 g Puderzucker | 1 TL abgeriebene Bio-Zitronenschale | ¼ TL Zimtpulver | 2 kg Äpfel | 1 Glas Cranberry-Konfitüre (370 g) | 2 EL Apfelgelee | 1 EL Zitronensaft

Für 1 Backblech (16 Stück)
⏲ 45 Min. Zubereitung
30 Min. Ruhen | 35 Min. Backen
Pro Stück ca. 305 kcal, 4 g EW, 10 g F, 50 g KH

1 Den Hefeteig wie auf Seite 30 zubereiten, gehen lassen, ausrollen und aufs Blech legen. Schmant mit Puderzucker, Zitronenschale und Zimt glatt rühren. Äpfel schälen, Kerngehäuse ausstechen. Die Äpfel in ca. 1 cm dicke Scheiben schneiden.

2 Erst Schmantcreme, dann Apfelscheiben auf dem Teig verteilen. Apfelscheiben mit je ½ TL Konfitüre füllen. Apfelgelee mit Zitronensaft erwärmen. Kuchen damit bestreichen und im vorgeheizten Ofen bei 180° (Mitte, Umluft 160°) 30–35 Min. backen.

Birnen-Mandelguss-Kuchen

1 Rezept Hefeteig (S. 30); **Belag:** 600 g reife Birnen | 100 g Mandelstifte | 2 EL Ahornsirup | 1 EL Zitronensaft | 2 Eier (Größe M) | 300 g Sahne | 75 g Puderzucker | 30 g zerlassene Butter

Für 1 Backblech (16 Stück)
⏲ 45 Min. Zubereitung
45 Min. Ruhen | 35 Min. Backen
Pro Stück ca. 380 kcal, 6 g EW, 15 g F, 30 g KH

1 Den Hefeteig wie auf Seite 30 zubereiten, gehen lassen, ausrollen und aufs Blech legen. Backofen auf 180° vorheizen.

2 Die Birnen achteln. Achtel quer in Scheiben schneiden, mit Mandeln, Ahornsirup und Zitronensaft mischen. Die Eier trennen. Erst Eiweiße und Sahne cremig aufschlagen, dann Eigelbe mit Puderzucker unterrühren. Birnenmischung unterheben. Den Teigboden mit der Butter bestreichen, die Birnenmischung darauf verteilen. Den Kuchen im Ofen (Mitte, Umluft 160°) 30–35 Min. backen.

etwas trocken

Zwetschgendatschi

Ein guter Grund, sich auf den Herbst zu freuen: Dann sind die violetten Zwetschgen reif und zieren diesen köstlichen Zwetschgenkuchen.

Für den Teig:
350 g Mehl (Type 405)
½ Würfel frische Hefe (21 g)
125 ml lauwarme Milch
50 g Zucker
1 Prise Salz
½ TL abgeriebene Schale von 1 Bio-Zitrone
1 Ei (Größe M)
50 g zerlassene Butter
Für den Belag:
2 kg Zwetschgen
50 g Semmelbrösel
50 g gemahlene Haselnüsse
1 EL Puderzucker
½ TL Zimtpulver
2 TL Zucker zum Bestreuen
Mehl zum Arbeiten | Backpapier

Für 1 Backblech (16 Stück)
🕐 45 Min. Zubereitung
40 Min. Ruhen | 35 Min. Backen
Pro Stück ca. 215 kcal, 5 g EW, 6 g F, 33 g KH

1 Das Mehl in eine Schüssel geben und in die Mitte eine Mulde drücken. Die Hefe zerbröckeln, in der lauwarmen Milch auflösen und zum Mehl geben. Die übrigen Zutaten dazugeben und zu einem glatten, geschmeidigen Teig verkneten. Zugedeckt 30 Min. gehen lassen.

2 Die Zwetschgen waschen, halbieren und den Stein entfernen. Semmelbrösel und Haselnüsse mit Puderzucker und Zimt vermischen. In einer Pfanne goldbraun anrösten und abkühlen lassen.

3 Das Backblech mit Backpapier belegen. Den Teig auf der bemehlten Arbeitsfläche ausrollen und auf das Blech legen. Vorbereitete Zimtbrösel auf den Boden streuen. Die Zwetschgen dachziegelartig darauf verteilen. Den Kuchen zugedeckt 10 Min. ruhen lassen.

4 Den Backofen auf 200° vorheizen. Den Kuchen im Ofen (unten, Umluft 180°) 30–35 Min. backen. Herausnehmen und mit Zucker bestreuen.

AUSTAUSCH-TIPP
100 g Amaretti in einen Gefrierbeutel geben, mit der Teigrolle zerbröseln und statt dem Semmelbrösel-Nussgemisch auf den Hefeboden streuen.

VARIANTE – ZWETSCHGENKUCHEN MIT NUSSSTREUSELN
Hefeteig wie im Rezept angegeben zubereiten, gehen lassen und ausrollen. Mit 2 EL zerlassener Butter bestreichen und mit Zwetschgen belegen. Zugedeckt 10 Min. ruhen lassen. Für die Streusel 100 g Mehl, 100 g gemahlene Walnüsse, 150 g Zucker, 1 Prise Salz und 150 g zerlassene Butter mit den Händen oder den Knethaken des Handrührgeräts zu Streuseln verarbeiten. Die Streusel auf dem Zwetschgenkuchen verteilen und wie beschrieben backen.

schnell | gelingt leicht

Pfirsichwähe ✓

Ein echtes Schweizer Original ist diese Wähe. Im Sommer schmeckt sie
mit frischen Pfirsichen nochmal so gut.

Für den Hefe-Mürbeteig:
¼ Würfel frische Hefe (ca. 10 g)
3 EL lauwarme Milch
225 g Mehl (Type 405)
1 Ei (Größe M)
50 g Zucker
1 Pck. Vanillezucker
1 Prise Salz
75 g weiche Butter
Für den Belag:
1 Bio-Zitrone
2 Dosen Pfirsiche (à 490 g Abtropfgewicht)
2 Eier (Größe M)
2 TL Vanillesaucenpulver zum Kochen
50 g Puderzucker
300 g Sauerrahm
2 EL Aprikosenkonfitüre
30 g Butter
Puderzucker zum Bestäuben
Mehl zum Arbeiten
Fett für die Form

Für 1 Tarteform von 30 cm Ø (12 Stück)
⊚ 30 Min. Zubereitung | 40 Min. Backen
Pro Stück ca. 270 kcal, 5 g EW, 12 g F, 37 g KH

1 Aus den Teigzutaten einen Hefemürbeteig wie
auf Seite 27 beschrieben zubereiten. Die Form fetten. Den Teig auf bemehlter Arbeitsfläche in Größe
der Form ausrollen, in die Form legen und bis zum
Gebrauch kühl stellen.

2 Von der Zitrone 1 TL Schale abreiben, Saft auspressen. Pfirsiche in einem Sieb abtropfen lassen
und vierteln. Die Eier mit Vanillesaucenpulver und
Puderzucker cremig verrühren. Sauerrahm, Zitronensaft und -schale unterrühren.

3 Den Backofen auf 180° vorheizen. Aprikosenkonfitüre glatt rühren. Den Teigboden damit
bestreichen, Pfirsichviertel dicht an dicht darauf
verteilen. Sauerrahmcreme darüber gießen. Butter
in Flöckchen schneiden und darauf verteilen.

4 Pfirsichwähe im Ofen (Mitte, Umluft 160°)
35–40 Min. backen. Herausnehmen, etwas abkühlen lassen und mit Puderzucker bestäuben.

VARIANTE – KÄSECREME-WÄHE
Einen Hefe-Mürbeteig wie im Rezept Pfirsichwähe
angegeben zubereiten, ausrollen und in eine gefettete
Tarteform legen. Für die Käsecreme 3 Eier trennen. Die
Eiweiße mit 1 Prise Salz steif schlagen. Die Eigelbe mit
125 g Zucker und 1 EL Zitronensaft schaumig rühren.
500 g Magerquark, 50 g Sahne und 30 g flüssige Butter
unterrühren. Den Eischnee und 1 EL Mehl dazugeben
und locker unterheben. Die Käsecreme auf dem Hefe-
Mürbeteigboden verteilen und im vorgeheizten Backofen bei 180° (Mitte, Umluft 160°) 45–50 Min. goldbraun
backen.

beliebter Klassiker

Bienenstich

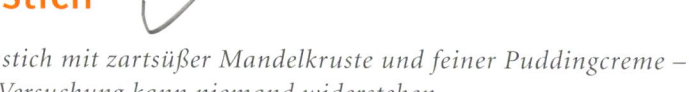

*Bienenstich mit zartsüßer Mandelkruste und feiner Puddingcreme –
dieser Versuchung kann niemand widerstehen.*

Für den Hefeteig:
500 g Mehl (Type 405)
1 Würfel Hefe (42 g)
225 ml Milch
100 g Butter
60 g Zucker
¼ TL Salz | 1 Ei (Größe M)
Für den Belag:
100 g Butter
75 g Zucker
1 Pck. Vanillezucker
50 g Honig
100 g Sahne
200 g Mandelblättchen
Für die Füllung:
2 Pck. Vanillepuddingpulver
750 ml Milch
80 g Zucker
100 g weiche Butter
50 g Puderzucker
Mehl zum Arbeiten
Backpapier

Für 1 Backblech (16 Stück)
🍥 1 Std. Zubereitung
50 Min. Ruhen | 30 Min. Backen
Pro Stück ca. 480 kcal, 8 g EW, 27 g F, 50 g KH

1 Aus den Teigzutaten nach dem Grundrezept
(S. 6) einen Hefeteig mit Vorteig zubereiten und
30 Min. gehen lassen.

2 Für den Belag die Butter zerlassen, Zucker,
Vanillezucker, Honig und Sahne dazugeben und
unter Rühren erhitzen. Die Mandelblättchen dazugeben, kurz aufkochen und leicht abkühlen lassen.

3 Das Backblech mit Backpapier belegen. Backofen auf 200° vorheizen. Den Hefeteig auf bemehlter Arbeitsfläche durchkneten, ausrollen und auf
das Blech legen. Mit einem Tuch bedecken und
10 Min. ruhen lassen. Die Mandelmasse auf dem
Hefeteig verteilen und im Ofen (Mitte, Umluft 180°)
25–30 Min. goldbraun backen. Herausnehmen und
abkühlen lassen.

4 Puddingpulver mit 150 ml Milch glatt rühren.
Übrige Milch mit Zucker aufkochen, angerührtes
Puddingpulver einrühren und unter Rühren zu
einem festen Pudding kochen. Pudding bei Zim-
mertemperatur abkühlen lassen, dabei immer
wieder umrühren, damit sich keine Haut bildet.
Butter mit Puderzucker mit den Quirlen des Handrührgeräts cremig rühren, abgekühlten Pudding
esslöffelweise dazugeben. Puddingcreme bis zum
Gebrauch kühl stellen.

5 Zum Füllen den Mandelkuchen in vier gleich
große Stücke schneiden. Die Stücke waagrecht
durchschneiden (Bild 1). Die Teigdeckel nochmals
in jeweils 4 Stücke schneiden. Die Puddingcreme
auf den 4 Böden verteilen (Bild 2). Teigdeckel auf-
legen und die Stücke ganz durchschneiden (Bild 3).

1

2

3

Mehlspeisen

Für Überraschungsbesuch oder kleine, ganz spontane Einladungen bin ich gerne vorbereitet. Die Savarins lassen sich gut vorbacken und einfrieren. Savarins im heißen Ofen bei ca. 100° 10 Min. auftauen lassen. Nach dem Auftauen die Savarins mit heißem Sirup tränken. Dazu Schlagsahne und Früchte der Saison servieren.

Mini-Savarins

450 g Mehl (Type 405)
1 Pck. Trockenhefe (7 g)
100 g zerlassene Butter
150 ml lauwarme Milch | 75 g Zucker
4 Eier (Größe M) | 1 Prise Salz
Für den Orangensirup:
2 Orangen
3 EL Orangenmarmelade
2 EL Akazienhonig
2 EL Orangenlikör (nach Belieben)
Fett für die Förmchen

Für 12 Savarinförmchen | 🕐 45 Min. Zubereitung
40 Min. Ruhen | 20 Min. Backen
Pro Stück ca. 290 kcal, 7 g EW, 10 g F, 43 g KH

1 Das Mehl mit der Hefe in eine Schüssel geben. Die Butter mit Milch, Zucker, Eiern und Salz verrühren, zum Mehl geben und rasch mit einem flachen Schneebesen oder gelochten Holzlöffel zu einem glatten, weichen Teig verrühren. Zugedeckt 30 Min. gehen lassen.

2 Den Backofen auf 180° vorheizen. Förmchen fetten. Den Hefeteig gut durchrühren und in die Förmchen füllen, zugedeckt 10 Min. ruhen lassen. Die Savarins im Ofen (Mitte, Umluft 160°) 15–20 Min. backen. Herausnehmen, 5 Min. abkühlen lassen, danach aus den Formen stürzen.

3 Die Orangen auspressen. Saft mit Orangenmarmelade, Honig und 100 ml Wasser unter Rühren erhitzen und 5 Min. köcheln lassen. Likör nach Belieben unterrühren. Sirup durch ein Sieb gießen und auffangen. Die Savarins mit einem Holzstäbchen rundum einstechen und mit dem Sirup beträufeln.

süße Hauptspeise

Dampfnudeln

Nur keine Angst vor den süßen Hefeklößen! Die Zubereitung ist gar nicht so schwer und für den nostalgischen Genuss lohnt die Mühe allemal.

Für den Hefeteig:
500 g Mehl (Type 405)
⅔ Würfel frische Hefe (ca. 30 g)
200 ml Milch
75 g Butter
50 g Zucker | 1 Prise Salz
2 Eier (Größe M)
Außerdem:
200 ml Milch | 50 g Sahne
50 g Butter | 50 g Zucker
Mehl zum Arbeiten

Für eine Auflaufform von 40 cm Länge (12 Stück)
🕐 50 Min. Zubereitung
55 Min. Ruhen | 25 Min. Backen
Pro Stück ca. 300 kcal, 7 g EW, 13 g F, 40 g KH

1 Aus den Teigzutaten nach dem Grundrezept (S. 6) einen Hefeteig mit Vorteig zubereiten und 45 Min. gehen lassen.

2 Den Teig auf der bemehlten Arbeitsfläche gut durchkneten und zur Rolle formen. Die Rolle in 8 gleich große Stücke schneiden und zu Kugeln formen. Kugeln zugedeckt auf der bemehlten Arbeitsfläche 15 Min. ruhen lassen.

3 Inzwischen Milch, Sahne, Butter und Zucker in einer großen Kasserolle mit Deckel aufkochen lassen. Die Hefekugeln mit etwas Abstand hineinsetzen und die Kasserolle mit dem Deckel verschließen. Die Dampfnudeln erst 5–10 Min. in der

Flüssigkeit kochen, dann die Hitze reduzieren und die Nudeln bei schwacher bis mittlerer Hitze in weiteren 15–20 Min. gar ziehen lassen. Während der Garzeit darf der Deckel nicht abgenommen werden, die Nudeln fallen sonst zusammen. Sie sind fertig, wenn aus der Kasserolle ein Brutzeln und Knistern zu hören ist. Dann ist die Flüssigkeit fast eingekocht und es bildet sich die beliebte Kruste.

UND DAZU? EINE ECHTE VANILLESAUCE
½ Vanilleschote längs aufschlitzen, Mark herauskratzen mit 250 ml Milch und 125 ml Sahne in einem Topf erhitzen. 3 Eigelbe mit 100 g Zucker in eine Schüssel geben und über dem heißen Wasserbad cremig rühren. Sahnemilch dazugeben und dickschaumig aufschlagen.

VARIANTE – GERMKNÖDEL
Den Hefeteig wie im Rezept Dampfnudeln beschrieben zubereiten und gehen lassen. Hefeteig auf der bemehlten Arbeitsfläche gut durchkneten, in 12 gleich große Stücke teilen und etwas flach drücken. Je 1 TL Pflaumenmus in die Mitte geben, den Teig darüber schlagen und zu Kugeln formen. Mit einem Tuch bedecken und 15 Min. gehen lassen. In einem großen, breiten Topf reichlich Wasser mit 1 TL Salz zum Kochen bringen. Knödel portionsweise einlegen, kurz aufkochen und ca. 10–12 Min. ziehen lassen. Fertige Knödel auf vorgewärmte Teller setzen, mit 100 g zerlassener Butter beträufeln. 100 g frisch gemahlenen Mohn mit 100 g Puderzucker mischen. Die Knödel dick mit der Mohnmischung bestreuen.

feine Nachspeise

Hefeknödel mit Kirschsauce

Ein echtes Winterdessert sind diese Hefeknödel. Das Richtige nach einer Langlauftour oder einem Tag auf der Piste.

Für den Hefeteig:
300 g Mehl (Type 405)
¼ Würfel frische Hefe (ca. 10 g)
100 ml Milch | 40 g Zucker
1 Prise Salz | 1 Ei (Größe M)
Für die Füllung:
1 Glas Sauerkirschen (à 700 g Inhalt)
1 Pck. Vanillezucker
1 gehäufter TL Speisestärke
1 EL Puderzucker
2 EL Cassislikör (nach Belieben)
40 g Mandelblättchen
Für die Brösel:
50 g zerlassene Butter
40 g Zucker | 75 g Semmelbrösel
Außerdem:
½ TL Salz | 2 EL Zucker
½ Vanilleschote | Mehl zum Arbeiten

45 Min. Zubereitung
1 Std. 15 Min. Ruhen | 10 Min. Ziehen
◉ Pro Stück ca. 235 kcal, 5 g EW, 6 g F, 34 g KH

1 Aus den Teigzutaten nach dem Grundrezept (S. 6), jedoch ohne Butter, einen Hefeteig mit Vorteig zubereiten und 45 Min. gehen lassen.

2 Für die Sauce die Kirschen in einem Sieb abtropfen lassen, 250 ml Saft auffangen. Ein Drittel der Kirschen mit Vanillezucker vermischen und beiseite stellen. Speisestärke mit 50 ml Saft glatt rühren. Übrigen Saft mit Puderzucker aufkochen, Speise-stärke einrühren und rühren, bis die Masse leicht dicklich ist. Sauce vom Herd nehmen und übrige Kirschen und Cassislikör unterrühren.

3 Hefeteig durchkneten und in 12 gleich große Stücke teilen. Diese etwas flach drücken, Mandelblättchen und 2–3 Vanillekirschen in die Mitte geben. Den Teig darüber schlagen, zu Kugeln formen und zugedeckt 15 Min. gehen lassen.

4 Für die Brösel die Hälfte der Butter mit Zucker und Semmelbrösel in eine Pfanne geben. Semmelbrösel goldbraun anrösten.

5 In einem großen, breiten Topf reichlich Wasser mit Salz, Zucker und Vanilleschote zum Kochen bringen. Die Knödel einlegen, kurz aufkochen und ca. 10 Min. ziehen lassen. Herausnehmen, mit übriger Butter bestreichen, dick mit Bröseln bestreuen und mit lauwarmer Kirschsauce servieren.

VARIANTE – ROHRNUDELN
Einen Hefeteig wie im Rezept Dampfnudeln (S. 40) beschrieben mit 1 Pck. Vanillezucker und nach Belieben 2 EL Mandellikör zubereiten, zugedeckt gehen lassen und zu 12 Kugeln formen. Nochmals 15 Min. zugedeckt gehen lassen. 600 g Äpfel schälen und in schmale Spalten schneiden. Mit 100 g Sahne, 2 EL frisch gepresstem Zitronensaft, 1 TL Zimtpulver und 50 g Zucker mischen. Die Apfelmischung in eine gebutterte Auflaufform geben, die Hefekugeln darauf setzen und im vorgeheizten Backofen bei 200° (unten, Umluft 180°) 20–25 Min. backen.

Spezialität aus Österreich

Gefüllte Buchteln

Buchteln sind eine traditionelle Mehlspeise aus Österreich und Böhmen. Als Nachspeise sehen Minibuchteln in einer runden Tarteform gebacken sehr schön aus.

Für den Hefeteig:
600 g Mehl (Type 405)
1 Würfel frische Hefe (42 g)
250 ml Milch | 125 g Butter
75 g Zucker | 1 Prise Salz
3 Eier (Größe M)
Für die Füllung:
50 g Rosinen
2 EL Rum oder Traubensaft
150 g Marzipanrohmasse
1 Tütchen Orangeback (Backregal)
50 g Mandelstifte | 50 g Butter
Puderzucker zum Bestäuben

Für 1 Auflaufform von 30 cm Ø (16 Stück)
◎ 45 Min Zubereitung
1 Std. Ruhen | 30 Min. Backen
Pro Stück ca. 335 kcal, 7 g EW, 15 g F, 40 g KH

1 Aus den Teigzutaten nach dem Grundrezept (S. 6) einen Hefeteig mit Vorteig zubereiten und 45 Min. gehen lassen.

2 Die Rosinen mit Rum oder Saft vermischen und 10 Min. durchziehen lassen. Marzipanrohmasse klein würfeln, mit Orangeback, Rosinen und Mandelstiften verkneten.

3 Backofen auf 180° vorheizen. Hefeteig auf der bemehlten Arbeitsfläche nochmals kräftig kneten und den Teig zur Rolle formen. Diese in 16 Stücke schneiden. Die Stücke mit dem Handballen etwas flach drücken, 1 TL Füllung darauf geben, den Teig über der Füllung zusammenschlagen und zu einer Kugel formen. Zugedeckt 10 Min. ruhen lassen.

4 Butter zerlassen, die Form mit Butter bestreichen. Teigkugeln in die Form setzen, die Oberfläche mit übriger Butter bestreichen. Die Buchteln im Ofen (Mitte, Umluft 160°) 25–30 Min. goldbraun backen, mit Puderzucker bestäuben.

SERVIER-TIPP – ZABAIONE
3 Eigelbe mit 60 g Zucker und nach Belieben 125 ml Weißwein, Marsala oder Orangensaft in einer Schüssel verrühren und über dem heißen Wasserbad dickcremig aufschlagen. Noch warm zu den Buchteln servieren.

VARIANTE – BUCHTELN MIT PFLAUMENMUS
Eine schnelle Füllung bekommen Sie, wenn Sie 50 g gehackte Mandeln mit 1 EL Puderzucker ohne Fett in einer Pfanne anrösten und mit 200 g Pflaumenmus verrühren. Die Buchteln damit wie beschrieben füllen und backen.

BUCHTELN FORMEN – MINIBUCHTELN
Servieren Sie die Buchteln als Nachspeise, formen Sie runde etwa golfballgroße Teigkugeln und setzen Sie diese dicht an dicht in eine mit Butter eingefettete Auflaufform. Mit zerlassener Butter bestreichen und im Ofen (Mitte, Umluft 160°) ca. 20 Min. backen.

immer beliebt

Krapfen

500 g Mehl (Type 550)
1 Würfel Hefe (42 g)
200 ml Milch | 60 g Butter
60 g Zucker | Salz
1 TL Vanillezucker
1 TL abgeriebene Schale von 1 Bio-Zitrone
1 Ei (Größe M) | 2 Eigelbe
Mehl zum Arbeiten
Außerdem:
200 g Hagebuttenmus
Öl oder Butterschmalz zum Frittieren

Für ca. 12 Krapfen | ◎ 45 Min. Zubereitung
45 Min. Ruhen | 25 Min. Backen
Pro Stück ca. 125 kcal, 3 g EW, 3 g F, 21 g KH

1 Aus den Teigzutaten nach dem Grundrezept
(S. 6) mit Vanillezucker und Zitronenschale einen
Hefeteig mit Vorteig zubereiten und 45 Min. gehen
lassen.

2 Den Teig auf der bemehlten Arbeitsfläche durchkneten und ca. 2 cm dick ausrollen. Mit einer Ausstechform von ca. 8–10 cm Durchmesser Kreise
ausstechen. Auf die Hälfte der Kreise jeweils
1 TL Hagebuttenmus geben. Die Ränder mit lauwarmen Wasser einpinseln, je einen Teigkreis
darauf setzen und fest andrücken. Die Krapfen mit
einem Tuch bedecken und 15 Min. gehen lassen,
bis sie schön rund und fluffig sind.

3 Öl oder Butterschmalz in einem breiten Topf
erhitzen. Die Krapfen portionsweise von jeder Seite
4–5 Min. goldbraun frittieren. Mit einer Siebkelle he-
rausheben und auf Küchenpapier abtropfen lassen.

für Gäste

Apfelkrapfen

300 g Mehl (Type 405)
1 Pck. Trockenhefe
125 ml lauwarme Milch
3 EL Zucker | 1 Prise Salz
2 Eier (Größe M)
50 g zerlassene Butter
2 mittelgroße säuerliche Äpfel (250 g)
2 EL frisch gepresster Zitronensaft
1 Pck. Vanillesaucenpulver (zum Kochen)
50 g Rosinen
50 g gehackte Mandeln
3 EL Zimtzucker zum Bestreuen
Öl oder Butterschmalz zum Frittieren

Für ca. 24 Krapfen | ◎ 30 Min. Zubereitung
30 Min. Ruhen| 25 Min. Backen
Pro Stück ca. 110 kcal, 3 g EW, 4 g F, 16 g KH

1 Das Mehl mit Trockenhefe in einer Schüssel
mischen. Milch, 2 EL Zucker, Salz, Eier und Butter
dazugeben und alles mit einem gelochten Rühr-
löffel oder einem flachen Schneebesen zu einem
glatten weichen Hefeteig verrühren. Zugedeckt
30 Min. gehen lassen.

2 Die Äpfel schälen und vierteln. Viertel quer in
feine Scheiben schneiden. Zitronensaft mit Vanillesaucenpulver verrühren, mit Apfelscheiben, restli-
chem Zucker, Rosinen und Mandeln mischen. Hefeteig gut durchrühren, Apfelmischung unterrühren.

3 Das Fett in einem breiten Topf erhitzen. Von
dem Teig mit 2 Esslöffeln Nocken abstechen und
im schwimmenden Fett in ca. 4–6 Min. goldbraun
backen. Die Apfelkrapfen mit Zimtzucker bestreuen.

bayerisches Traditionsgebäck

Ausgezogene Küchle

500 g Mehl (Type 405)
½ Würfel frische Hefe (20 g)
200 ml lauwarme Milch
1 EL Sauerrahm | 50 g Zucker | 1 Prise Salz
2 Eier (Größe M) | 75 g zerlassene Butter
Außerdem:
Öl oder Butterschmalz zum Frittieren
Zucker zum Bestreuen

Für 12 Stück | 30 Min. Zubereitung
10 Min. Ruhen | 30 Min Backen
Pro Stück ca. 205 kcal, 6 g EW, 5 g F, 35 g KH

1 Das Mehl in eine Schüssel geben, in die Mitte eine Mulde drücken. Hefe zerbröckeln und in der lauwarmen Milch auflösen. Sauerrahm unterrühren. Hefemilch in die Mulde gießen. 15 Min. gehen lassen. Zucker, Salz, Eier und 50 g Butter zum Vorteig geben und alles kräftig durchkneten.

2 Hefeteig zur Rolle formen, in 12 Stücke teilen und zwischen den Händen zu Kugeln formen. Kugeln auf die bemehlte Arbeitsfläche setzen und mit übriger Butter bestreichen. Zugedeckt 10 Min. gehen lassen.

3 Öl oder Butterschmalz in einem breiten Topf erhitzen. Die Hefekugeln zwischen den Händen so auseinanderziehen, dass sie in der Mitte dünn und zum Rand hin dicker sind. Danach portionsweise in das heiße Fett gleiten lassen, mit einem Esslöffel heißes Fett über die dünne Mitte gießen, damit der Teig nicht bricht und schön hell bleibt. Die Küchle goldbraun backen. Mit einer Siebkelle herausnehmen und auf Küchenpapier abtropfen lassen. Mit Zucker bestreuen und am besten warm servieren.

amerikanische Krapfen

Donuts

500 g Mehl (Type 550)
1 Pck. Trockenhefe
125 ml lauwarme Milch
50 g Sahne | 75 g Zucker
¼ TL Salz | 2 Eier (Größe M)
2 Eigelbe
50 g zerlassene Butter
Für die Glasur:
200 g Puderzucker
2 TL Rum oder Zitronensaft
Öl oder Butterschmalz zum Frittieren

Für 12 Stück | 45 Min. Zubereitung
40 Min. Ruhen | 30 Min. Backen
Pro Stück ca. 295 kcal, 6 g EW, 4 g F, 57 g KH

1 Das Mehl mit Trockenhefe mischen. Milch, Sahne, Zucker, Salz, Eier und Eigelbe mit dem Schneebesen verrühren und mit der zerlassenen Butter zum Mehl geben. Alles mit den Händen zu einem glatten, geschmeidigen Teig verkneten. Zugedeckt 30 Min. gehen lassen.

2 Teig auf der bemehlten Arbeitsfläche nochmals durchkneten und ca. 2 cm dick ausrollen. Mit einer Ausstechform 8 cm große Kreise ausstechen. Mit einer kleinen Form (z. B. Fingerhut) in der Mitte ein Loch ausstechen. Die Doughnuts zugedeckt 10 Min. ruhen lassen.

3 Das Fett in einem breiten Topf erhitzen. Die Doughnuts portionsweise in dem heißen Fett goldbraun backen. Mit der Siebkelle herausnehmen und auf Küchenpapier abtropfen lassen. Puderzucker mit 3 EL Wasser und Rum oder Zitronensaft verrühren. Die Doughnuts mit der Glasur bestreichen.

Herzhaftes

Salziger Hefeteig bietet vielfältige Möglichkeiten. Aus Italien kommt Focaccia und die allseits beliebte Pizza. Französisches Baguette ist ein Klassiker. Flammkuchen ist weit über die elsässische Grenze bekannt. Der amerikanische Bagel ist ein perfekter Snack für zwischendurch: Pur oder mit Salzbutter und Parmaschinken belegt ein Genuss!

Bagels

750 g Mehl (Type 550)
1 Würfel frische Hefe (42 g)
1 EL Zucker | 2 TL Salz
Zum Bestreuen:
Sesamsamen, Mohnsamen
Backpapier

12 Stück | ⓘ 30 Min. Zubereitung
35 Min. Ruhen | 20 Min. Backen
Pro Stück ca. 225 kcal, 7 g EW, 1 g F, 46 g KH

1 Das Mehl in eine Schüssel geben, Hefe zerbröckeln, mit 1 Prise Zucker bestreuen und mit 325 ml
lauwarmem Wasser glatt rühren. Hefewasser und
1 TL Salz zum Mehl geben und mit den Händen
etwa 5 Min. zu einem glatten, geschmeidigen Teig
verkneten. Teig zugedeckt 30 Min. gehen lassen.

2 Backblech mit Backpapier belegen. Den Hefeteig auf bemehlter Arbeitsfläche durchkneten, zur
Rolle formen, in 12 gleich große Stücke teilen und
zu Kugeln formen. Mit einem dicken Kochlöffelstiel
in der Mitte ein Loch eindrücken. Zugedeckt 5 Min.
ruhen lassen.

3 Backofen auf 220° vorheizen. In einem breiten
Topf Wasser mit übrigem Zucker und 1 TL Salz zum
Kochen bringen. Die Bagels nacheinander mit einer
Siebkelle 1–2 Min. in das siedende Wasser tauchen.
Mit der Siebkelle herausnehmen, auf das Blech
legen und mit Sesam oder Mohn bestreuen. Die
Bagels im Ofen (Mitte, Umluft 200°) etwa 20 Min.
goldbraun backen.

SERVIER-TIPP – LACHS-BAGEL MIT SENFCREME
Für 4 Bagels etwa 150 g Crème fraîche mit 1 TL Dijonsenf
und 1 TL Zitronensaft verrühren. Bagels quer halbieren,
mit Senfcreme bestreichen, mit jeweils einem Salatblatt
und einer Scheibe Räucherlachs belegen und zusammenklappen.

feines italienisches Fladenbrot

Focaccia

500 g Mehl (Type 550)
½ Würfel frische Hefe (20 g)
1 EL Honig
7 EL Olivenöl | 1 TL Salz
grobes Meersalz
Mehl zum Arbeiten
Backpapier

Für 2 Brote | ⏱ 25 Min. Zubereitung
75 Min. Ruhen | 25 Min. Backen
Pro Stück ca. 1250 kcal, 27 g EW, 45 g F, 185 g KH

1 Das Mehl in eine Schüssel geben, in die Mitte eine Mulde drücken. Die Hefe zerbröckeln, mit 250 ml lauwarmem Wasser glatt rühren. Honig unterrühren. Mischung mit 4 EL Olivenöl und Salz zum Mehl geben und alles mit den Händen in etwa 5 Min. zu einem glatten Teig verkneten. Eine Schüssel mit 1 EL Olivenöl bestreichen, Teig in die Schüssel legen und zugedeckt 45 Min. gehen lassen.

2 Das Backblech mit Backpapier belegen. Den Teig auf der bemehlten Arbeitsfläche nochmals durchkneten. Teig halbieren, jedes Teigstück mit bemehlten Händen zu einem flachen Fladen formen und aufs Blech legen. Zugedeckt 30 Min. gehen lassen. Den Backofen auf 220° vorheizen.

3 Vor dem Backen in die Oberfläche der Teigfladen kleine Mulden drücken, mit dem übrigen Olivenöl beträufeln und mit Meersalz bestreuen. Im Ofen (Mitte, Umluft 180°) 20–25 Min. backen.

VARIANTE – ROSMARIN-FOCACCIA
Für Rosmarin-Focaccia 1 EL frisch gehackte Rosmarinnadeln unter den Teig kneten.

aus der Türkei

Sesamfladen

500 g Mehl (Type 550)
1 Pck. Trockenhefe (7 g)
125 ml Milch | 1 EL Honig
1 TL Salz | 2 EL Öl
1 Ei (Größe M)
1 EL geschälte Sesamsamen
Mehl zum Arbeiten
Backpapier

Für 6 Fladen | ⏱ 25 Min. Zubereitung
40 Min. Ruhen | 25 Min. Backen
Pro Stück ca. 365 kcal, 11 g EW, 7 g F, 63 g KH

1 Das Mehl in eine Schüssel geben. Trockenhefe mit 125 ml lauwarmem Wasser verrühren. Die Milch erwärmen und mit der angerührten Hefe und dem Honig zum Mehl geben. Salz und Öl hinzufügen, alles zu einem glatten, nicht zu festen Teig kneten und zugedeckt 30 Min. gehen lassen.

2 Den Backofen auf 200° vorheizen. Das Backblech mit Backpapier belegen. Hefeteig auf der bemehlten Arbeitsfläche nochmals durchkneten und in 6 gleich große Stücke teilen. Die Teigstücke leicht ausrollen, zu runden Fladen formen und auf das Blech legen.

3 Das Ei mit 2 EL Wasser verrühren. Die Teigfladen damit bestreichen und mit Sesam bestreuen. Mit einem Tuch bedecken und noch 10 Min. ruhen lassen. Die Sesamfladen im Ofen (Mitte, Umluft 180°) 20–25 Min. goldbraun backen.

AUSTAUSCH-TIPP
Die Fladen mit 450 g Mehl und 50 g Maismehl zubereiten und mit ½ TL Paprikapulver würzen.

französischer Klassiker

Baguette

Savoir vivre mit selbst gebackenem Baguette und dazu: französische Salzbutter und ein Glas Wein. Perfekte Zutaten für einen lauen Sommerabend.

750 Mehl (Type 550)
1 Würfel Hefe (42 g)
1 EL Honig
2 TL Salz
Mehl zum Arbeiten

Für 2 Baguettes | ⓘ 25 Min. Zubereitung
2 Std. 20 Min. Ruhen | 30 Min. Backen
Pro Stück ca. 1295 kcal, 41 g EW, 4 g F, 274 g KH

1 Das Mehl in eine Schüssel geben, in die Mitte eine Mulde drücken. Die Hefe zerbröckeln, mit 350 ml lauwarmem Wasser und Honig glatt rühren, Hefewasser und Salz zum Mehl geben, alles in etwa 5 Min. zu einem glatten, geschmeidigen Teig verkneten und mit Mehl bestäuben. Den Teig zugedeckt 2 Std. gehen lassen.

2 Das Backblech mit Backpapier belegen. Den Teig auf bemehlter Arbeitsfläche nochmals gut durchkneten und halbieren. Teigstücke zu etwa 30 cm langen Stangen formen. Die Oberfläche in gleichmäßigen Abständen schräg etwa 1 cm tief einschneiden und auf das Blech legen. Zugedeckt nochmals 15 Min. ruhen lassen. Den Backofen auf 220° vorheizen.

3 Baguettes im Ofen (Mitte, Umluft 180°) in 25–30 Min. goldbraun backen. Baguettes kurz vor Ende der Backzeit mit Wasser bestreichen.

AUSTAUSCH-TIPP
Die Baguettes auf das Blech legen und mit Milch bestreichen. Kurz vor Ende der Backzeit wiederholen, so bekommen die Baguettes einen leichten Glanz.

VARIANTE – KRÄUTERBROT
500 g Mehl (Type 550) mit 2 TL Salz in eine Schüssel geben. ½ Würfel frische Hefe (ca. 20 g) zerbröckeln, mit 275 ml lauwarmen Wasser glatt rühren und mit 2 EL Olivenöl zum Mehl geben. Alles in 5 Min. zu einem glatten, geschmeidigen Teig verkneten. 2 EL frische, klein gehackte Kräuter (z. B. Petersilie, Thymian, Rosmarin) oder 2 EL getrocknete Kräuter unter den Hefeteig kneten. Den Teig zugedeckt 45 Min. gehen lassen. Das Backblech mit Backpapier belegen. Den Teig nochmals durchkneten, zu 2 länglichen Broten formen, auf das Blech legen und zugedeckt 15 Min. ruhen lassen. Den Backofen auf 225° vorheizen. Die Brote im Ofen (Mitte, Umluft 200°) 25–30 Min. goldgelb backen.

VARIANTE – NUSSBROT
300 g Weizenmehl (Type 550) mit 200 g Roggen-Vollkornmehl in einer Schüssel mit 2 TL Salz mischen. ½ Würfel frische Hefe (ca. 20 g) zerbröckeln, mit 275 ml lauwarmem Wasser glatt rühren und mit 2 EL Olivenöl und 2 EL gehackten Walnusskernen zum Mehl geben. Alles in 5 Min. zu einem glatten, geschmeidigen Teig verkneten. Teig zugedeckt 45 Min. gehen lassen, weiterverarbeiten und backen wie im Rezept Kräuterbrot.

sehr fein

Hefewaffeln

400 g Mehl (Type 405)
1 Pck. Trockenhefe (7 g)
1 TL Salz
¼ TL gemahlener Anis
¼ TL gemahlener Fenchel
200 ml lauwarme Milch
100 g zerlassene Butter
4 Eier (Größe M)
Öl für das Waffeleisen

Für 8 Waffeln | 🕐 15 Min. Zubereitung
30 Min. Ruhen | 50 Min. Backen
Pro Stück ca. 330 kcal, 10 g EW, 16 g F, 37 g KH

1 Das Mehl in eine Schüssel geben. Die Trocken-hefe unter das Mehl mischen. Salz, Anis und Fenchel dazugeben. Milch, Butter und Eier zu der Mehlmischung geben und alles zu einem glatten, leicht zähflüssigen Teig verrühren, mit einem Tuch bedecken und 30 Min. ruhen lassen.

2 Das Waffeleisen auf der mittleren Stufe etwa 10 Min. vorheizen und mit Öl bestreichen. Den Teig mit dem Kochlöffel kräftig durchrühren. Pro Waffel-füllung 2–3 EL Teig auf die Backfläche des Waffelei-sens geben. Waffeleisen schließen und die Waffeln in 5–6 Min. goldbraun backen.

VARIANTE – SÜSSE HEFEWAFFELN

400 g Mehl mit 1 Pck. Trockenhefe mischen. 200 ml lau-warme Milch, 100 g zerlassene Butter, 75 g Zucker, 1 Pck. Vanillezucker und 4 Eier zum Mehl geben, alles zu einem glatten Teig verrühren und zugedeckt 30 Min. gehen lassen. Das Waffeleisen vorheizen und mit Öl bestreichen. Den Teig nochmals durchrühren und wie im Rezept Hefewaffeln beschrieben backen.

pikant

Kräuterwaffeln

400 g Mehl (Type 405)
1 Pck. Trockenhefe (7 g)
1 TL Salz
200 ml lauwarme Milch
80 ml neutrales Öl + 2 EL Öl
4 Eier (Größe M) | 2 Schalotten
2 Stängel Rosmarin
4 Salbeiblättchen
Pfeffer | Öl für das Waffeleisen

Für 8 Waffeln | 🕐 25 Min. Zubereitung
30 Min. Ruhen | 50 Min. Backen
Pro Stück ca. 355 kcal, 10 g EW, 19 g F, 37 g KH

1 Das Mehl in eine Schüssel geben. Die Trocken-hefe und das Salz unter das Mehl mischen. Die Milch mit dem Öl und den Eiern zum Mehl geben und alles zu einem glatten Teig verrühren, mit einem Tuch bedecken und 30 Min. ruhen lassen.

2 Inzwischen die Schalotten schälen und in kleine Würfel schneiden. Rosmarin und Salbei waschen, trocken schütteln. Vom Rosmarin die Nadeln ab-streifen und mit den Salbeiblättchen fein hacken. 2 EL Öl erhitzen, Schalottenwürfel darin glasig dünsten. Gehackte Kräuter unterrühren, mit Salz und Pfeffer würzen und unter den Teig mischen.

3 Die Waffeln backen wie im Rezept Hefewaffeln (links, Step 2) beschrieben.

UND DAZU?

Für eine Quarkcreme verrühren Sie 250 g Quark mit 3 EL Mineralwasser, 6 geraspelten Radieschen, 1 ge-hackter Petersilie und 1 EL Schnittlauchröllchen. Mit Salz und Pfeffer würzen.

Elsässer Spezialität
Flammkuchen

Ob als kleine Vorspeise, als Imbiss für Gäste oder zum Picknick: Flammkuchen sind beliebt und kommen immer gut an.

150 g Weizenmehl (Type 550)
75 g Roggenvollkornmehl
1 TL Salz | ½ Würfel Hefe (21 g)
Für den Belag:
100 g Räucherspeck
1 Zwiebel
100 g Magerquark | 200 g Crème fraîche
2 EL Rapsöl
Salz | Pfeffer
1 Bund Schnittlauch
Mehl zum Arbeiten

Für 8 Stück | 60 Min. Zubereitung
1 Std. Ruhen | 20 Min. Backen
Pro Stück ca. 173 kcal, 8 g EW, 6 g F, 21 g KH

1 Weizenmehl und Roggenmehl mit Salz in einer großen Schüssel mischen. In die Mitte eine Mulde drücken. Die Hefe zerbröckeln, mit 4 EL lauwarmem Wasser verrühren, in die Mulde gießen und mit etwas Mehl vom Rand bestäuben. Zugedeckt 15 Min. gehen lassen. 100 ml lauwarmes Wasser dazugeben und alles zu einem glatten Teig verkneten. Den Teig zugedeckt 45 Min. gehen lassen.

2 Den Räucherspeck in kleine Würfel schneiden. Zwiebel schälen und in winzige Würfel schneiden. Den Quark mit Crème fraîche und Öl glatt rühren. Mit Salz und Pfeffer würzen.

3 Den Backofen auf 220° vorheizen. Das Blech fetten. Teig nochmals auf der bemehlten Arbeitsfläche durchkneten, zu 2–3 mm dünnen, länglichen

Fladen ausrollen und auf das Blech legen. Die Quarkcreme auf den Boden streichen. Speck und Zwiebeln darüber verteilen.

4 Flammkuchen im Ofen (Mitte, Umluft 200°) 15–20 Min. backen. Schnittlauch waschen und in feine Röllchen schneiden. Den Flammkuchen aus dem Ofen nehmen und mit Schnittlauch bestreuen.

VARIANTE – FLAMMKUCHEN VEGETARISCH
Den Teig wie im Grundrezept beschrieben zubereiten, ausrollen und aufs Blech legen. Für den Belag 1 Bund Frühlingszwiebeln putzen und mit dem Grün in Ringe schneiden. Frühlingszwiebelringe gründlich waschen und mit 2 EL Öl vermischen. 2 mittelgroße Birnen (ca. 400 g) waschen, schälen, vierteln. Viertel quer in Scheiben schneiden. 1 Ei mit 200 g Sahne und 200 g Sauerrahm verrühren, Birnenscheiben und 50 g geriebenen, würzigen Bergkäse unterrühren. Mit Salz und Muskat würzen. Die Creme auf dem Teigboden verteilen. Frühlingszwiebeln und 50 g gehackte Nüsse (z. B. Walnusskerne oder Haselnüsse) darauf streuen. Flammkuchen im Ofen bei 220° (Umluft 200°) 15–20 Min. backen. Vor dem Servieren mit 1 EL gehackter Petersilie bestreuen.

GUT ZU WISSEN
Sie können den Flammkuchen auch mit Sauerteig zubereiten. Beim Anrühren des Vorteiges geben Sie ½ Pck. (75 g) fertigen Sauerteig aus dem Reformhaus in das vorbereitete Hefewasser. Teig wie im Rezept beschrieben fertigstellen.

Zum Gebrauch

Damit Sie Rezepte mit bestimmten Zutaten noch schneller finden können, stehen in diesem Register zusätzlich auch beliebte Zutaten wie **Mandeln** oder **Rosinen** – ebenfalls alphabetisch geordnet und **hervorgehoben** – über den entsprechenden Rezepten.

Unsere Garantie

Alle Informationen in diesem Ratgeber sind sorgfältig und gewissenhaft geprüft. Sollte dennoch einmal ein Fehler enthalten sein, schicken Sie uns das Buch mit dem entsprechenden Hinweis an unseren Leserservice zurück. Wir tauschen Ihnen den GU-Ratgeber gegen einen anderen zum gleichen oder ähnlichen Thema um.

Liebe Leserin und lieber Leser,

wir freuen uns, dass Sie sich für ein GU-Buch entschieden haben. Mit Ihrem Kauf setzen Sie auf die Qualität, Kompetenz und Aktualität unserer Ratgeber. Dafür sagen wir Danke! Wir wollen als führender Ratgeberverlag noch besser werden. Daher ist uns Ihre Meinung wichtig. Bitte senden Sie uns Ihre Anregungen, Ihre Kritik oder Ihr Lob zu unseren Büchern. Haben Sie Fragen oder benötigen Sie weiteren Rat zum Thema? Wir freuen uns auf Ihre Nachricht!

Wir sind für Sie da!
Montag–Donnerstag: 8.00–18.00 Uhr; Freitag: 8.00–16.00 Uhr
Tel.: 0180-5 00 50 54* *(0,14 €/Min. aus
Fax: 0180-5 01 20 54* dem dt. Festnetz/
Mobilfunkpreise
E-Mail: maximal 0,42 €/Min.)
leserservice@graefe-und-unzer.de

P.S.: Wollen Sie noch mehr Aktuelles von GU wissen, dann abonnieren Sie doch unseren kostenlosen GU-Online-Newsletter und/oder unsere kostenlosen Kundenmagazine.

GRÄFE UND UNZER VERLAG
Leserservice
Postfach 86 03 13
81630 München

Projektleitung: Tanja Dusy
Lektorat: Margarethe Brunner
Korrektorat: Mischa Gallé
Layout, Typografie und Umschlaggestaltung: independent Medien-Design, Horst Moser, München
Satz: Liebl Satz+Grafik, Emmering
Herstellung: Anna Bäumner
Reproduktion: Repro Ludwig, Zell am See
Druck: Firmengruppe APPL, aprinta druck, Wemding
Bindung: Firmengruppe APPL, sellier druck, Freising

Syndication:
www.jalag-syndication.de

ISBN 978-3-8338-2393-0

2. Auflage 2012

Umwelthinweis

Dieses Buch ist auf PEFC-zertifiziertem Papier aus nachhaltiger Waldwirtschaft gedruckt.

GRÄFE UND UNZER

Ein Unternehmen der
GANSKE VERLAGSGRUPPE

Die Autorin

Christa Schmedes arbeitet seit vielen Jahren für Zeitschriften und Buchverlage. Mit Leidenschaft und Fantasie widmet sie sich gerne ihrem Lieblingsthema Backen – von Plätzchen bis zu großen Torten. In den Studios bekannter Food-Fotografen setzt sie ihre kreativen Rezeptideen häufig ins rechte Licht und übernimmt das Styling.

Der Fotograf

Jörg Rynio zählt zu seinen Auftraggebern internationale Zeitschriften, namhafte Buchverlage und Werbeagenturen. Mit einer großen Portion Kreativität und appetitanregendem Styling setzt der Hamburger Fotograf Food-Spezialitäten aus aller Welt stimmungsvoll in Szene. Tatkräftig unterstützt wird er dabei von seinen Stylistinnen Petra Speckmann (Food) und Michaela Suchy (Requisite).

Titelbildrezept

Rosenkuchen, Seite 16

Bildnachweis

Titelfoto: EISING STUDIO · Food Photo & Video/Martina Görlach; alle anderen: Jörn Rynio, Hamburg

Die Temperaturangaben bei Gasherden variieren von Hersteller zu Hersteller. Welche Stufe Ihres Herdes der jeweils angegebenen Temperatur entspricht, entnehmen Sie bitte der Gebrauchsanweisung. Bei Elektroherden können die Backzeiten je nach Herd variieren.

Kochlust pur

Die neuen KüchenRatgeber – da steckt mehr drin

Das macht sie so besonders:

- Neue mmmh-Rezepte – unsere beste Auswahl für Sie
- Praktische Klappen – alle Infos auf einen Blick
- Die 10 GU-Erfolgstipps – so gelingt es garantiert

Willkommen im Leben.

Nichts geht über Pizza

Das Beste an einer guten Pizza ist der Boden: Knusprig und trotzdem lockerleicht wie in diesem Rezept – die beste Basis für viele unterschiedliche Beläge.

Grundrezept Pizzateig

Für 2 Pizzas mit ca. 30–35 cm Ø geben Sie 400 g Mehl in eine Schüssel. ¼ Würfel frische Hefe zerbröckeln, 1 Prise Zucker darüber streuen und unter Rühren in 200 ml lauwarmem Wasser auflösen. Das Hefewasser, 2 EL Olivenöl und 1 TL Salz zum Mehl geben, alles zu einem glatten, festen Teig verkneten und 1–2 Min. kräftig weiterkneten. Eine Schüssel mit Olivenöl bestreichen, den Teig hineinlegen und zugedeckt mindestens 30 Min. gehen lassen.

Pizzateig mit Milch

Für 2 Pizzas 400 g Mehl in eine Schüssel geben, ¼ Würfel frische Hefe zerbröckeln, 1 Prise Zucker darüber streuen und in 100 ml lauwarmem Wasser auflösen. 100 ml Milch mit 2 EL Olivenöl zum Hefewasser geben und mit 1 TL Salz und Mehl zu einem glatten Teig verarbeiten. Eine Schüssel mit Olivenöl bestreichen, den Teig hineinlegen und zugedeckt mindestens 30 Min. gehen lassen.

Frische Tomatensauce

1 kg vollreife Tomaten ca. 10 Sek. in kochendes Wasser legen, herausnehmen und die Haut abziehen. Tomaten vierteln und grob hacken. Gewürfelte Tomaten mit 1 TL getrocknetem Oregano mischen und in 4 EL Olivenöl bei mittlerer bis starker Hitze unter Rühren 8–10 Min. andünsten, bis die Flüssigkeit verdampft ist. Mit Salz, Pfeffer und Chilipulver würzen. Zum Aufbewahren Sauce abkühlen lassen, in ein verschließbares Glas füllen und kühl stellen.

Tomatensauce aus dem Ofen

1 kg Tomaten waschen, vierteln und grob würfeln. 1 Bund Suppengemüse waschen und winzig klein würfeln, mit Tomatenwürfeln, 5 EL Olivenöl und 1 EL fein gehackten frischen Oreganoblättchen in eine Auflaufform geben, im Ofen (Mitte) bei 220° in etwa 15 Min. weich dünsten. Herausnehmen, Mischung mit dem Stabmixer fein pürieren. Mit Salz, Pfeffer und Chilipulver würzen.